LETTRE DE FOUCHÉ

AU

DUC DE WELLINGTON.

DE L'IMPRIMERIE DE Mme Ve JEUNEHOMME,
RUE HAUTEFEUILLE, N.° 20.

LETTRE DE FOUCHÉ

AU

DUC DE WELLINGTON,

AVEC DES OBSERVATIONS

PAR M. DE VILLENEUVE.

PARIS,

CHEZ
{ PLANCHER, Éditeur des OEuvres complètes de
Voltaire, en trente-cinq tomes *in*-12; RUE SERPENTE,
N° 14;
DELAUNAY, LIBRAIRE, AU PALAIS-ROYAL.

1817.

LETTRE DE FOUCHÉ

AU

DUC DE WELLINGTON.

———

Un législateur de l'antiquité, célèbre par sa sagesse, Solon, étant parvenu à rétablir la tranquillité dans son pays, mit la paix publique et la réconciliation sous la garantie et la sauvegarde du ciel. C'est là, Milord, l'exemple que je recommandais au Roi de France.

J'interpelle votre témoignage, d'autant plus important qu'il a pour garantie votre gloire et votre caractère. Les maux étaient grands; il ne fallait pas se tromper dans le choix des remèdes. Notre existence sociale et notre bien - être en dépendaient; mais ma voix fut étouffée par celle des passions. Les conseils de la modération furent interprétés comme autant de piéges, et les insensés calomnièrent mon ministère sous la république, sous Napoléon et sous Louis XVIII.

Je ne voudrais pas ennuyer le public du récit d'une longue et pénible administration , si elle ne tenait pas étroitement à des faits dont la vérité mérite d'être connue. Je les rapporterai avec ordre, et les présenterai dans toute leur clarté ; car plusieurs ont été mal interprétés , et d'autres sont restés entièrement inconnus. J'indiquerai les véritables causes de tant d'événemens passés sous nos yeux ; je découvrirai les ressorts les plus secrets des passions qui les ont amenés ; je répandrai la clarté sur les révolutions successives qui changèrent une vieille monarchie en république , et la république en un empire , dont on fit enfin le royaume des Bourbons.

Tandis que je m'occupe de ce travail important, je sens le besoin de croire qu'en fournissant de tels matériaux à l'histoire je donne un nouveau témoignage de mon amour pour la patrie. Mais, Milord, le temps s'écoule , et je ne sais si les choses ne seront pas changées avant que mes Mémoires n'aient vu le jour.

En attendant, je tâcherai de satisfaire aux desirs de ceux qui voudraient avoir des éclaircissemens sur des circonstances qui me sont personnelles, et qu'on a tant défigurées. Personne ne peut mieux rendre justice à mes principes et à mes intentions que Votre Grâce. Depuis le 19 juin, jour où j'eus, pour la première fois, l'honneur de correspondre avec vous, jusqu'au moment où j'ai quitté la France,

Toute ma conduite est ouverte devant vos yeux. Je sais, Milord, que vous m'avez toujours rendu la justice que j'invoque ; voilà ce qui me détermine à vous adresser le compte de ma conduite, afin que vous puissiez trouver de nouvelles armes pour me défendre. Je ne crains pas de vous donner de nouveaux droits à ma reconnaissance, parce que je sens que mon cœur peut y satisfaire.

Les circonstances sur lesquelles on demande des explications sont : 1° le retour du Roi ; 2° mon acceptation du ministère de la police ; 3° l'ordonnance du 24 juillet; 4° ma mission à Dresde; 5° les causes qui m'ont empêché d'entrer dans la Chambre des Députés.

J'étais président du gouvernement français lorsque les alliés avancèrent sur Paris ; Napoléon avait abdiqué, mais se trouvait encore au palais de l'Élysée, et voulait se mettre, comme général , à la tête de l'armée française. Cette offre ne put être acceptée. Onze cent mille baïonnettes étrangères s'avançaient sur notre territoire , et nous n'avions pas cent mille hommes sous les armes. Ainsi la retraite fut conclue, et Napoléon invité à quitter Malmaison où il s'était retiré , et à s'embarquer pour les Etats-Unis. Il a pu, à cet égard, mal interpréter mes sollicitations pressantes , car dans l'infortune l'âme s'ouvre facilement au soupçon ; mais je suis assuré de ne mériter aucun reproche. Je ne l'avais pas servi comme les autres courtisans;

je ne suivis pas leur exemple en l'abandonnant lorsque la fortune lui fut contraire. Personne plus que moi n'admirait la puissance de son génie ; mais aussi personne mieux que moi n'était persuadé que sa présence jetterait la France dans les plus grands malheurs : c'est pourquoi je le conjurai de quitter le continent. L'armée française se ressouvenant de sa gloire ne comptait pas ses ennemis : elle brûlait de les combattre. Milord , vous connaissez la valeur des soldats français; vous avez su apprécier leur résignation , lorsqu'avec les regrets les plus amers „ils se déterminèrent à une retraite affligeante. Dans la crise épouvantable où nous nous trouvions, il était difficile de prendre un parti sans faire naître des soupçons. En France, l'opinion était bien partagée, relativement au choix du monarque qui devait succéder à Napoléon. On craignait que l'arrivée des Bourbons n'amenât des réactions et des vengeances ; on ne pouvait se persuader qu'une dynastie qui avait tant souffert pendant la révolution pût pardonner de bon cœur. Les maux qu'on craignait pouvaient n'être qu'imaginaires ; mais ce sont ceux-là qui sont le plus à redouter, parce que l'imagination n'a pas de bornes.

Tous ceux qui depuis vingt-huit ans ont parcouru la carrière civile ou militaire, et qui ont acquis de la considération, de la fortune et de la gloire, ne pouvaient voir le retour des Bourbons sans éprouver des inquiétudes trop fondées. Les uns voulaient un prince étranger qui n'eût point d'intérêt à renverser ce qui existait. D'autres se déclaraient pour la régence ; mais une régence au nom de l'impératrice et de son fils rappelait trop le souvenir de Napoléon. Cette pensée inspirait à la France et à l'Europe des craintes mutuelles. Une partie de la France nommait le duc d'Orléans. Les qualités personnelles de ce prince, les souvenirs de Jemmappes et de quelques autres victoires, sous la république, auxquelles il n'avait point été étranger, la possibilité de faire un traité qui concilierait tous les intérêts ; ce nom de Bourbon qui pouvait servir au dehors sans qu'on le prononçât au dedans, tous ces motifs, et d'autres encore, offraient dans ce dernier choix une perspective de repos et de sécurité à ceux-mêmes qui ne pouvaient y voir le présage du bonheur.

Quelques-uns réclamaient la légitimité, mais en appliquant faussement le principe. La légitimité n'est qu'une convention politique, et seulement pour le peuple qui l'a faite. La légitimité une fois adoptée est utile, en ce qu'elle oppose une barrière à l'ambition ; mais auprès des grands droits des nations, le droit des dynasties n'est rien. A l'égard des souverains entr'eux, la légitimité n'est autre chose que le premier acte par lequel les rois se reconnaissent entr'eux. La guerre, les conquêtes, détruisent les effets de cet acte.

La Pologne partagée en est un exemple. Napoléon usurpateur ou prince légitime (et il l'était pour tous les souverains, excepté Louis XVIII), Napoléon n'en eût pas moins perdu la couronne.

D'après les principes qui règnent dans l'Europe actuelle, tout homme à qui il prendrait fantaisie d'imiter Napoléon verrait certainement la guerre et les coalitions naître autour de lui , et subirait le même sort que son modèle. La légitimité, considérée même comme loi politique, souffre encore de grandes exceptions. Montesquieu admet que les rapports entre la dynastie et le peuple peuvent devenir si insupportables qu'on devra nécessairement changer cette loi pour sauver le pays.

J'ajouterai à mon Mémoire ma correspondance avec les ministres des hautes puissances , et les généraux des armées ; elle prouvera que j'ai su maintenir la dignité de la nation. Ces négociations se montrent sous des couleurs variées qu'il a fallu leur donner , soit par nécessité , soit par précaution. J'avais soin d'appuyer mes demandes sur des preuves, pour en faire mieux connaître l'importance. Quelque désespérées que fussent les affaires, il y avait toujours des points sur lesquels on pouvait insister ; car dans la perte de l'indépendance il y a plusieurs degrés de malheur. On juge bien mal la situation où je me trouvais, si l'on s'obstine à me reprocher de n'avoir pas défendu le droit qu'avait la nation de se choisir un souverain , et de régler son existence politique. La force des circonstances avait décidé ces deux grandes questions : le présent n'était plus en mon pouvoir. Tout serait devenu facile si Napoléon avait abdiqué au Champ-de-Mai ; son abdication tardive nous courbait sous le joug des événemens ; je crois que la nécessité m'absout de tout blâme : car, où elle agit, que peut la force humaine ? On n'a nullement saisi le point de la difficulté. Ceux qui voulaient éloigner les Bourbons croyaient que le choix d'un souverain n'était que d'un intérêt secondaire : c'était une erreur. On prétend que j'ai paralysé le courage et les dispositions de l'armée : ceux qui le croient ne connaissent pas les forces respectives qui se trouvaient en présence. De nouveaux prodiges de valeur n'auraient servi qu'à faire immoler les restes de l'armée, et à livrer notre capitale à l'invasion de l'ennemi. Le plus grand danger pour un pays est la solution de tout lien social ; alors il n'y a plus ni existence publique, ni existence privée, tout est anéanti, jusqu'à l'espoir d'un meilleur sort. Pendant cette lutte d'opinion, Louis XVIII avançait, et partout où l'ennemi se trouvait, on l'avait déjà proclamé Roi de France : on pouvait prévoir alors que le même esprit exciterait les mêmes scènes dans la capitale.

Le Roi était à Saint-Denis, lorsque j'eus avec Votre Grâce la première entrevue à Neuilly. Je ne cherchai point à diminuer le tort de ceux qui avaient trahi les Bourbons ; mais je soutins que ce trône rétabli ne pouvait être consolidé que par la clémence et l'entier oubli du passé. Ce qui est sage dans un moment de bon ordre, peut devenir démence dans un état de trouble.

Tel était accusé de trahison qui n'avait été entraîné que par la crise générale. La prudence commandait l'indulgence à cet égard. Tant que quelqu'un croit ne pas avoir abandonné le sentier de ses devoirs, on peut encore l'y ramener. Mes vues obtinrent, Milord, votre suffrage ; les idées de modération semblaient gagner en force depuis que Votre Grâce en était devenue l'organe. Dans ces circonstances sans exemple, le rang où nous étions placés, et l'accord de nos principes sur le régime futur de la France, devaient avoir, ce me semble, une grande influence sur la destinée de ce royaume et sur celle de l'Europe.

Le jour suivant je tins le même langage au Roi, lorsque j'eus l'honneur de le voir à Saint-Denis ; je lui remis une lettre dans laquelle je détaillais avec franchise tout ce qui me paraissait propre à lui gagner les cœurs et concilier tous les partis ; en un mot, à réunir sincèrement le peuple et le monarque. Mon discours semblait avoir fait de l'impression sur le Roi ; il voyait que nous avions besoin de repos pour rassembler les élémens que le temps et les circonstances avaient dispersés. Il parut sentir la nécessité de voiler les fautes commises, et de gagner la confiance par une modération et une loyauté exemplaires. Cette conversation , que je m'efforçai de rendre publique , laissa entrevoir le terme de nos discordes et de nos malheurs , mais le peuple français voulait de la réalité , et ne se contentait pas de l'apparence.

Quelques-uns me reprochent d'avoir accepté du Roi le ministère de la police : certainement il était plus rassurant pour moi de me retirer des affaires immédiatement après la capitulation ; mais il était plus grand de présenter le front aux événemens. Ceux qui avaient conduit le Roi pendant ses malheurs , revenaient avec de fortes préventions , se trompant grossièrement sur notre situation , et se dissimulant leur faiblesse. Le temps, qui détruit tout , n'a cependant pu détruire leurs préjugés : ils nous rapportaient leur ancienne routine pour toute expérience. Dans l'état où je me trouvais, n'était-ce pas un devoir sacré pour moi de m'opposer à l'orage pour tâcher de le dissiper ? Ai-je poussé trop loin la franchise en supposant que si j'éclairais les objets, j'arrêterais l'impulsion rétrograde, et les mouvemens de haine ; j'assignerais à chacun son devoir, j'affaiblirais le système des passions ; enfin, j'empêcherais une réaction. On sait bien où celle-ci peut commencer, mais on ne sait pas quand on en peut comprimer l'essor. Je réussis à imposer à ceux que ma présence irritait. Tant que je fus ministre je ne fus que sourdement attaqué ; ce n'est que depuis mon départ qu'on a osé me rendre l'objet d'une diffamation publique.

Ma rentrée dans les affaires était une véritable résignation, un sacrifice. Pour un homme inexpérimenté ou vain, un ministère peut avoir des chances telles qu'il se résolve à braver les périls qui l'accompagnent, ou bien l'illusion du pouvoir lui en dissimule les orages. Mais pour moi le ministère ne pouvait plus être un objet d'ambition. Tout alors était trouble et danger. Quand on me vit accepter le ministère, on put dire que je cherchais à terminer une vie honorable par une mort glorieuse. Si j'avais eu en vue seulement mes intérêts personnels, j'aurais plutôt cherché à enflammer la noble colère de l'armée qu'à la calmer ; on ne m'aurait pas vu frissonner à l'idée de Paris tombant en ruines, et noyé dans le sang des Français. Si j'avais pris ce dernier parti, l'ambition aurait pu être satisfaite : j'ai préféré celui que prescrivaient l'honneur et l'humanité. L'on conçoit en effet qu'une ambition commune se contente d'obtenir un ministère sous la condition d'être le chef d'une faction ; mais moi, à la hauteur où je me trouvais placé par mes propres sentimens et l'estime publique, je ne pouvais avoir pour l'objet de mes desirs que l'intérêt national. Qu'on se donne la peine de relire la lettre que j'écrivis au Roi au moment où j'acceptais le ministère, et on ne me reprochera pas d'avoir changé de principes (cette lettre se trouve dans le *Moniteur*). Mon langage pouvait-il donner à aucun parti l'espérance que je le laisserais dominer souverainement? Qu'on juge mes paroles et mes actions pendant ma vie, non pas en composant un temps avec un autre, mais en comparant ce qu'on a dit de moi à chaque époque où je parlais et où j'agissais. Si je n'ai pu gouverner les événemens, au moins suis-je assuré d'avoir fait tous mes efforts pour en affaiblir le cours destructeur. Ne m'a-t-on pas toujours vu entre l'oppresseur et l'opprimé? Je ne veux pas me montrer plus grand que je ne le suis; l'expérience m'a appris de bonne heure qu'on est plus sage dans le malheur que dans la prospérité. Je me trouve entre deux partis dont l'un me reproche d'avoir servi le Roi, l'autre Napoléon; ce dernier parti ne se souvient plus qu'il le craignait moins lorsque je l'entourais. Quel langage ai-je tenu à l'empereur quand il revint de l'île d'Elbe? Je le conjurai de ne pas humilier la nation par des amnisties mensongères. Je n'ai cessé de lui répéter qu'il devait oublier tout ce qui s'était passé pendant son absence. Ma conduite ministérielle n'a prouvé qu'une chose, c'est que chez moi les devoirs envers la patrie occupent toujours le premier rang. Je dois à la faveur de la nation d'avoir été appelé aux affaires d'état sous divers gouvernemens, qui n'ont croulé successivement que parce qu'ils ont rejeté les vérités que j'avais eu le courage de leur montrer.

J'ai été surpris de l'imputation qui m'a été faite d'avoir trahi le Roi, en ne faisant pas connaître les véritables sentimens de son peuple.

Moi ! par une flatterie insipide, j'aurais cherché à persuader à un prince éclairé, que son absence de vingt-cinq ans n'avait pas altéré les sentimens de son peuple pour lui ; d'un peuple dont toute la génération vivante a été élevée dans un système contraire à l'amour des Bourbons !

Quelle imprudence d'oser tenir un pareil langage, quand on a été témoin de la rentrée triomphante de Napoléon à Paris, à son retour de l'île d'Elbe, tandis que les Bourbons ne trouvaient pas même un asile dans toute la France ! Certes je n'avais pas l'intention de tromper le Roi, lorsque je le sollicitai d'appaiser les esprits, en tranquillisant chacun sur sa sûreté personnelle ; c'était le seul moyen de donner de la solidité à l'État, et de la durée au gouvernement. Le pardon faisait ici partie de la justice : qui, de nos jours, ignore que les crises politiques ne sont jamais le résultat des combinaisons de quelques individus, et qu'elles entraînent dans leur sphère tout ce qui en approche ? La clémence a sans doute des inconvéniens ; mais les événemens et la capitulation qu'on venait de faire semblaient devoir rejeter tout autre système. Chaque mesure de rigueur de la part du Roi, après les promesses qu'il avait faites , était une trahison. On ne pouvait plus compter sur rien , quand les traités de la veille n'existaient plus le lendemain ; et cependant il n'y eut jamais d'époque où il fût nécessaire que tout le monde fût convaincu que la parole du Roi était sacrée : la moindre infraction à cette parole royale devait lui aliéner tous les cœurs; l'idée désolante d'avoir encore été trompé s'empara de tous les esprits, et la confiance fut perdue pour toujours. Le Roi n'aurait jamais dû faire que ce qui est grand , noble. Un seul acte arbitraire engendrait une violente opposition : comment la punir, alors qu'elle était générale ? Comment la contenir sans aucuns moyens de répression ? et si l'on ne pouvait pas y mettre de bornes , quand les craintes auraient-elles cessé ? une amnistie pleine et entière et sans conditions était donc nécessaire, puisqu'il était impossible au Roi de punir sans nuire à sa cause. Néanmoins j'éloignai de Paris tous ceux dont la présence aurait pu choquer les Bourbons. Je leur fis donner des passeports, et j'ai fourni à plusieurs, j'ose l'avouer, les moyens d'exister en pays étranger. Cette mesure ne parut pas suffisante : ceux à qui le malheur n'avait donné aucune expérience, ne pouvaient concevoir la possibilité de régner sans une liste de proscription, sur laquelle alors, comme présentement, chacun voulut voir figurer son ennemi.

Le ministère n'y laissa cependant que ceux qu'il ne put y soustraire.

Je prie ceux qui me reprochent d'avoir signé l'ordonnance du 24 juillet, de se placer à cette époque. S'il m'eût été possible d'en effacer quelques-uns des noms qui y sont contenus, pour y mettre le mien, je n'aurois pas hésité un moment; mais jugeons sans préjugés de l'état des choses.

Tous les esprits étaient pénétrés d'avance de l'idée que le trône avait été renversé par suite d'une grande conspiration, qu'un grand nombre de personnes avaient trempé dans le complot qui avait remis Napoléon sur le trône, que la majorité conservait encore une certaine aversion pour le gouvernement, dont le développement pouvait un jour troubler l'Europe.

J'ai combattu cette erreur funeste de tout mon pouvoir et de tous les moyens possibles; elle était si générale et si profondément enracinée, que même ceux qui avaient le plus grand intérêt à la détruire, gardaient le silence. Des événemens solennels ont maintenant justifié mes paroles et mes écrits.

Le nombre des personnes dévouées à Napoléon n'était pas très-considérable; le peuple desirait un nouvel ordre de choses, mais il craignait son despotisme. Pour gagner l'opinion publique, il fut forcé d'annoncer que l'Angleterre et l'Autriche le soutenaient : ses proclamations firent croire au

peuple qu'il revenait plus grand, mûri par la ré-
flexion durant son exil, qu'il était guéri de son
ambition, après avoir éprouvé tous les malheurs
que la fortune et les événemens de la guerre peuvent entraîner avec eux.

Les Français sont saisis d'une joie extraor-
dinaire, et prennent aussitôt confiance. Ils
croyaient que Napoléon recommencerait une
nouvelle vie, un nouveau règne, après avoir,
pendant un an, appris dans l'île d'Elbe, comme
dans un tombeau, tout ce que la vérité et la haine
disaient en Europe de son premier règne et de sa
première conduite.

L'idée d'une conspiration fut répandue par ceux
qui desiraient les proscriptions. Ma démission,
avant d'en avoir prouvé la fausseté et la méchanceté, m'aurait rendu victime de mille gens. Je
pris la résolution de signer l'ordonnance du 24
juillet, afin d'enchaîner la réaction, et de diminuer le nombre de ceux qu'elle desirait sacrifier.
Si je m'étais retiré, on m'aurait accusé de tous les
maux que j'ai prévenus en restant à mon poste.
Pour apprécier convenablement ma conduite,
qu'on observe que ce ne sont pas les passions qui
ont eu l'avantage, mais quelle place ces passions
m'assignent, quelle est la première victime qu'elles
montrent au doigt.

Que mes rapports au Roi soient relus (ils ont
été tronqués; je les donnerai naturels, et sans

y rien changer) ; qu'on y cherche les motifs de cette haine dont je suis l'objet. La nation les a compris. J'entrerai dans quelques détails, pour répondre à ceux qui ont trouvé que mes Rapports au Roi n'étaient pas assez respectueux, et que mon administration n'avait rien d'avantageux pour lui. Je ne suis pas moins affligé d'être accusé d'avoir dit au Roi de dures vérités, que de l'être de lui avoir donné des consolations vaines et mal fondées, et des espérances incertaines. Que les princes sont dignes de pitié ! Leurs palais retentissent de cris d'allégresse, et le peuple fait des vœux pour le bonheur des autres, et non pour celui des rois.

Comme il était de mon devoir de dévoiler sans déguisement l'intention de l'Etat, il était nécessaire, avant tout, d'attirer l'attention du Roi sur les malheurs et les dangers qui entouraient son pouvoir. Le trône était ébranlé jusque dans ses fondemens; il était de la plus haute importance de ne pas se tromper sur des causes secrètes et profondes, qui seules mènent à de tels événemens, et peuvent encore en préparer de semblables, si l'on prenait le change. J'ai donc expliqué à Sa Majesté toutes les difficultés qu'il y avait à établir solidement son autorité. Le plus grand intérêt du peuple est que son gouvernement ne change point, parce que le nœud qui attache les parties du corps social (ouvrage des siècles), peut difficilement regagner sa pre-

mière solidité, quand une révolution a eu le temps
de le dissoudre. Il est presque aussi sans exemple
qu'une monarchie, interrompue dans sa durée, ait
pu se rétablir; il est impossible au moins, après
vingt-cinq ans d'interruption, de la relever comme
elle était, particuliérement chez une nation dont
les idées sont sujettes à des mouvemens si ra-
pides. Elle ne trouve qu'une faible partie des élémens de sa première puissance ; ses principes , ses
lois, ses intérêts, ne sont plus les mêmes : ils sui-
vent le cours du temps , et le progrès des lumières.

Parmi les obstacles, j'ai distingué ceux qui naissaient de notre état actuel de guerre , et ceux cau-
sés par nos funestes dissentions intestines. L'ex-
position des premiers présentait la plus grande
difficulté : je ne craignis pas de mettre sous les
yeux des Souverains alliés d'utiles vérités , et
de diriger leur attention sur l'exposé de nos malheurs. Les troupes étrangères qui inondaient la
France paraissaient donner lieu à deux remarques
opposées : d'un côté, elles comblaient nos vœux ,
en nous donnant la paix, et sous ce point de vue,
elles avaient autant de titres à notre reconnaissance qu'à notre confiance; de l'autre, les excès
de quelques corps faisaient tomber sur nous tous
les maux qui peuvent accabler une nation. Ainsi
le retour du Roi, dans des circonstances qui lui
étaient tout à fait étrangères , serait devenu l'époque la plus malheureuse de notre histoire ; et le

même trône qu'une main venait de relever, aurait été renversé par l'autre.

Des considérations si sérieuses me forcèrent à représenter au Roi les conséquences, aussi fatales pour lui que pour la nation, de ce système inattendu de l'occupation de nos provinces, des suites de ce système auquel on ne s'opposait plus, et des mesures hostiles poursuivies avec violence, dans une guerre d'abord entreprise par un motif grand et généreux. L'amour du peuple pour son gouvernement souffre toujours des malheurs du pays.

Il fallait du courage pour faire connaître ces vérités : elles servirent à améliorer promptement notre situation ; mes services sur cet objet ne sont pas même connus, et ces services n'avaient pas été demandés.

Il était de mon devoir, même pour l'intérêt des puissances alliées, de leur présenter le même tableau. L'énergie du caractère français, et surtout les élémens qui peuvent tout à coup faire éclater sa force, ne leur sont pas assez connus ; et sur cela, elles auraient eu le droit de se plaindre de mon silence.

J'avais à parler à des Souverains dont l'ame est généreuse. Je pouvais hasarder de leur faire observer que, dans notre siècle de lumières, la victoire ne suffit pas pour justifier tous les abus du pouvoir. Par des sentimens nobles et élevés, on ne se fait aucun tort aux yeux des grands princes. Le

peuple s'est fortement trompé, en croyant m'abandonner à la haine des pays étrangers ; mon langage fut jugé selon les devoirs qui m'étaient
imposés.

Dans un autre rapport sur la situation de la
France, dans lequel je la considérais sous le rapport de ses dissentions politiques, j'avais à choisir
entre deux choses, qui n'était pas possible de concilier : ou de taire la vérité, ou de la dire entièrement. Je n'hésitai pas. L'intérêt du prince que je
servais fut hasardé : je n'avais qu'à consulter mon
devoir. Je peignis les différens partis tels qu'ils
sont ; je lui montrai leur force, leur faiblesse, je
lui exposai leurs vues, la soumission qu'on devait
en attendre, et les concessions qu'ils attendaient
eux-mêmes. Je représentai les deux grandes fac-
tions qui nous troublent, et dont le conflit eût pu
jeter l'Etat dans le plus grand danger. Si on trompe
les grands de la terre de cette manière, il faut
avouer que cette manière est nouvelle. Je n'ai pas
découvert au Roi les noms des royalistes qui se
déclarèrent contre son autorité, et négocièrent
avec Napoléon ; je ne voulais point lever le voile.
Ceux dont l'honneur a été sauvé peuvent revenir
à la vertu. Il n'y avait que deux moyens de servir
le Roi ; c'était d'augmenter son pouvoir physique
ou moral. Si le pouvoir physique est quelquefois
nécessaire pour arrêter les désordres, il ne suffit
pas pour établir un ordre de choses durable. Nous

verrons si j'ai fait, sous ce rapport, tout ce qui était en mon pouvoir. Je parlerai encore une fois, dans mon Mémoire, des observations que j'ai faites sur l'armée, la garde nationale, sur les chambres, et sur l'opinion publique.

Je dois avouer que l'administration à laquelle j'appartenais avait du jugement, l'amour de ce qui était bon, et de grands talens ; mais les malheurs du passé lui faisaient oublier les dangers de l'avenir ; la plupart de nos actes manquaient de précautions. Nous avions besoin d'énergie, d'union contre nos adversaires, et d'un même esprit dans nos travaux. Le peuple se plaignait du peu d'énergie de la police, parce qu'elle n'était pas dirigée seulement contre ceux qu'on desirait perdre. Cependant toute apparence de disposition malveillante fut tenue en bride ; rien ne resta impuni. L'armée était mécontente, mais elle obéissait. Nous nous efforçâmes d'amener tous les partis à la soumission, au sacrifice de leurs idées exagérées et à l'ordre. Ce n'était pas assez de modérer les passions dans le midi du royaume, il fallait les enchaîner. Je répétai aux magistrats de ces parties ce que la conscience des hommes leur dit si souvent, qu'il n'y a qu'un seul avantage dont on ne doit jamais se départir, la justice. Je dis au Roi qu'au sein des réactions, il n'y avoit ni tranquillité publique, ni trône, ni nation.

Si la foule reçoit l'exemple de la violence de la

part de ceux qui doivent lui donner celui de la modération , on doit s'attendre qu'elle brisera toutes les barrières entr'elle et les crimes. Quand la licence et l'esclavage ont tour à tour allumé les passions du peuple , peu de gens écoutent la voix de la raison. Qu'importe à ceux qui voudraient que leur fureur gouvernât en place des lois , que l'indépendance de leur pays soit en péril, que le trône soit ébranlé? que leur importe le deuil des familles, l'exécration publique , pourvu qu'ils satisfassent leur vengeance? Il semble qu'il y ait des jours où le souvenir du passé, les malheurs du présent, l'espérance ou la crainte de l'avenir , produisent dans la tête des hommes toutes sortes de désordres et de folies. Quel spectacle la France offre-t-elle aux yeux de l'Europe? quand les prisons sont pleines, quand on en augmente le nombre, cette sévérité donnera-t-elle à l'autorité royale une solidité aussi durable qu'elle aurait été , si la France avait été calmée par des idées de sécurité et de douceur, que fera-t-on quand chacun se parlera, ce qui arrive toujours après l'oppression? Si une partie du peuple a été séduite , la persécution et la disgrace empêcheront-elles le peuple de prendre parti dans une nouvelle rebellion ? Toutes les choses humaines ont leurs limites : la patience est susceptible d'un certain degré d'accommodement; mais un peuple ne peut pas rester tranquille quand on lui présente sans cesse un avenir qui le déshonore ou le menace;

son repos, même le conservât-il , ne serait qu'un état de contrainte.

J'étais chargé de veiller au soutien du trône et à la sûreté de l'État. Il ne faut pas croire que ces devoirs, après de si grands changemens dans notre esprit public, dans nos institutions et dans nos mœurs, puissent être remplis par les mêmes moyens. Tout a été changé pendant les progrès de la civilisation ; elle en a fait d'heureux , mais elle nous a fait aussi tomber dans de nouvelles fautes. On ne trouve plus la même soumission ; il n'y a plus rien dans le même état. Des troubles d'un nouveau genre sont nés du conflit autrefois inconnu des opinions politiques ; et tandis que la sûreté de l'État et le repos public sont exposés à plus de dangers, les garanties accordées à la liberté individuelle, ont fait perdre l'activité et même la force nécessaire pour comprimer l'opinion.

On ne peut pas long-temps gouverner les hommes de la même manière. Les moyens d'avoir de l'influence sur le peuple, le plus grand résultat auquel un gouvernement puisse parvenir, ont souffert dans un degré égal. La religion et la morale publique ne sont que d'un faible secours pour les lois. L'opinion publique, ingrédient tout-à-fait nouveau dans l'ordre social, a acquis tant de considération et de pouvoir , qu'elle est devenue rivale du gouvernement. L'obéissance qui, maintenant, a des droits, fait les plus grands efforts pour les défendre. On peut punir la résistance, mais il faut plus de moyens et d'adresse pour la soumettre. Le pouvoir peut faire exécuter les ordres, mais le langage de la violence a peu de considération s'il n'est soutenu par la persuasion et fondé sur la raison. Pour être entendu des différens partis, il faut entrer dans leurs passions, parler à chacun sa propre langue. Il n'y a plus d'éloquence universelle.

Au milieu de tant de difficultés, la police a besoin d'encouragemens et de nouveaux moyens. Quoiqu'en général la sphère de son action soit étendue, il y avait des momens où nous la rendions inutile. A quoi sert au gouvernement royal ce vil espionnage des relations domestiques, des expressions inconsidérées, et même des scandales que la loi ne peut punir ?

La question de nos jours n'est plus d'espionner le mécontentement de simples individus, et même les paroles téméraires et imprudentes. Il y a plus de tolérance dans nos mœurs qu'autrefois. La liberté publique est devenue, comme on peut dire, une nouvelle conscience à laquelle on ne peut faire violence ; elle sert comme de boulevard à la liberté des opinions.

L'espionnage ne doit pas violer l'asile des citoyens ; mais dans quelque degré d'élévation de la société civile que le plan d'un crime ait prit sa source, ceux qui ont aidé à son exécution suffiront pour le faire découvrir ; et on ne doit pas trouver de tels agens dans la classe élevée.

Le peuple se plaint justement de la violation du secret de la correspondance particulière. Cette mesure de police est odieuse et inutile quand elle est connue ; je l'ai constamment rejetée. Elle fut inventée par des têtes faibles qui ne connaissaient pas l'étendue des moyens qu'ils avaient entre les mains. De quelles recherches cette police s'est-elle donc occupée ? De poursuivre les fautes et les crimes indiqués dans les lois. De quel résultat s'honore-t-elle, quand elle est d'accord avec les premières causes qui de jour en jour augmentent les progrès de l'immoralité ? Ce qui peut lui faire honneur, c'est de découvrir les plus légers mouvemens qui menacent d'un désordre public ; de réussir à connaître les besoins du peuple, l'objet de ses inquiétudes, les motifs de ses craintes, ses plaintes secrètes et les mécontentemens qui montrent que sa fidélité est ébranlée ; mais surtout les cris de misère et de désespoir qui, aussi terribles dans les individus que dans la masse du peuple, conduisent rapidement les hommes faibles aux crimes, et les nations corrompues à la révolte.

La police est un service public et magistral qui, outre ses fonctions particulières, doit s'efforcer par des mesures irrégulières, mais justes et utiles, d'augmenter la force et les ressources du gouvernement. La publicité des procédés d'un tel pouvoir en arrête naturellement l'efficacité ; on l'emploie beaucoup dans les grands objets ; les autres sont perdus dans la foule, et y échappent.

Dans l'ordre social, tout n'est pas extérieur, tout n'est pas visible. Au milieu de ce monde public, il y a un secret ; le pouvoir ordinaire du gouvernement n'y pénètre point.

Les partis cependant n'auront pas une telle police ; ils manquent de dénonciations , de communications confidentielles, de tableaux des personnes, d'intrigues , et d'un nombre considérable de vétilles, auxquelles on doit attacher une grande importance.

Les talens de tous les officiers de police suffisent à peine maintenant pour mettre en mouvement une machine qui peut causer la ruine des hommes probes, mais qui n'est d'aucune utilité pour l'Etat.

A quoi tendait l'importance attachée à la fuite de M. de Lavalette ? Cette fuite a prouvé clairement que le Gouvernement ne pouvait avoir des yeux et des oreilles , et a mis dans tout son jour le dévouement héroïque d'une jeune femme.

On dira ce que l'on voudra ; la masse juge la magnanimité et la générosité : le malheur la touche. Il est vrai que tout gouvernement a droit de poursuivre son ennemi ; mais où était la nécessité de faire du bruit quand on ne pouvait pas le reprendre ? L'exécution de ce droit n'est pas aussi pure qu'elle est légitime ; et dans l'opinion, le pouvoir ne porte pas toujours la conviction générale.

Effet admirable du pouvoir de la morale! L'avenir s'occupera des circonstances par lesquelles M. de Lavalette a été arraché à la mort, et tous les efforts de l'autorité ne réussiront point à déshonorer ceux qui lui ont témoigné une compassion généreuse et efficace. Tout homme sensible et humain n'a pas refusé son approbation aux suites de leur courage ; ils sont devenus coupables aux yeux de la loi, mais ils ont rempli le vœu de l'humanité.

On m'a souvent reproché de n'avoir pas informé le Roi de ce que les courtisans, les ministres et les ministres étrangers faisaient tous les jours, de ce qui se passait dans l'intérieur des familles, etc. C'est la police d'un courtisan qui a besoin de plaire, ou d'un agent subalterne qui est obligé d'avoir recours à de tels moyens pour se donner de l'importance : ce n'est pas la mienne.

La tranquillité des États ne dépend pas des choses qui n'affectent que les classes les plus élevées de la société, ou de la nature des dispositions qu'on y remarque.

L'ambition des grands n'a d'influence politique, que quand elle est unie avec les intérêts du peuple. Leurs intrigues, leurs conspirations, n'ont de force que lorsque la multitude y a une part active.

On ne craint aucune résistance, aucuns partis

secrets dans les conseils publics, quand le Monarque a pour lui l'affection et la force du peuple.

Le repos de l'État dépend de l'état intellectuel de la classe ouvrière, qui consiste dans le peuple, et qui forme la base de l'édifice social. Cet état doit être, si je puis m'exprimer ainsi, le seul objet des soins et de la vigilance d'une bonne police. La foule sera toujours tranquille, quand on veillera ouvertement et sincèrement à ses intérêts, quand on éloignera tout ce qui pourrait diminuer sa confiance, blesser ses préjugés, corrompre sa manière de penser et d'agir, et égarer son ignorance et sa crédulité. Parce qu'on s'est écarté de ces principes, parce qu'une police complaisante et inconsidérée a suivi, presque exclusivement, les pas des grands, au lieu de faire attention au peuple, il est arrivé, qu'au sein de la prospérité, de l'opulence et de la paix, elle n'a pu arrêter les premiers mouvemens de la révolution, dont les préparatifs cependant s'étaient augmentés et avaient mûri pendant quarante années, sans être observés, ou au moins, sans qu'on y apportât aucun obstacle. Nous n'avons pas parlé de la personne du Monarque : elle sera l'objet d'une observation particulière.

Ma doctrine ne pouvait pas convenir à ceux qui voulaient faire de la police, non pas un département de la magistrature qui enveloppait sous une protection commune tous les partis qui s'étaient élevés dans la révolution, et tous ceux qui avaient lutté contre elle, mais une inquisition qui recevait leurs dénonciations secrètes. Mon système déplaisait fort à ceux qui avaient besoin de décrier le passé comme n'ayant pas persécuté et puni des fautes pardonnées. Les leçons de l'histoire sont perdues, et cependant on devrait s'en ressouvenir. Tout ne réussit pas avec une conduite hypocrite ; on ne gagne la confiance que par la droiture et la bonne foi. Elle est aussi nécessaire pour l'exercice des droits que pour l'accomplissement des devoirs. Mais pourquoi rechercher le passé, si nous n'en retirons aucune instruction pour le présent, si nous n'y observons que les fautes des autres et non pas les nôtres ? Devenons plus sages et plus grands si nous le pouvons. Vieux enfans, vous foulez aujourd'hui aux pieds ce que vous admiriez hier. Quand deviendrez-vous enfin raisonnables ; quand apprendrez-vous à observer et à juger ? Plusieurs de ceux qui aujourd'hui parlent avec mépris de tout ce qui s'est passé depuis vingt-cinq ans, étaient acteurs, à la vérité acteurs très subalternes et inconnus, dans la plupart des scènes de nos révolutions. Au moyen de leur obscurité, ils voudraient selon que les circonstances le permettraient, nier ou avouer la part qu'ils y ont eu, mais ils y ont joué un rôle aussi bien que les autres ; ils parurent sur le théâtre ; ils doivent même la considération, quoique faible, dont ils jouissaient dans leurs communes ; aux places qu'ils remplissaient sous Napoléon.

Beaucoup ont fait le bien : qu'ils ne craignent pas de l'avouer. Le bien qu'on a fait nous illustre, en quelque temps qu'il l'ait été. Au lieu de s'agiter, et de vouloir paraître le nier, ils devraient avouer, avec tout le monde, que les orages politiques, comme ceux de la nature, ne produisent pas le mal seul. Il est extravagant de chercher à observer si tout ce qui a été fait dans nos révolutions est grand et utile. On ne peut se tromper sur ce qui s'est passé depuis vingt-cinq ans : le monde en est rempli.

Si le peuple a été subjugué par Napoléon, il montre peu de jugement en cherchant à le déprécier ; plus il l'abaisse, et plus il s'avilit. Le voyageur rit de pitié, en voyant avec quels grands frais on efface les aigles sur les monumens qu'il releva, ou fit construire, comme si le souvenir des actions s'effaçait avec les aigles.

Il serait bien plus raisonnable d'expliquer et de justifier l'admiration qu'on avait pour lui.

Au commencement du gouvernement de Napoléon, tout était merveilleux ; il avait rempli de sa gloire toutes les nations, les plus et les moins célèbres. Non seulement il possédait le génie des batailles, mais il possédait une science qui est bien plus utile que la force dans les combats, il savait l'employer. Sa prévoyance semblait le rendre maître des événemens ; les obstacles étaient prévus ; tout paraissait calculé d'avance pour les vaincre. Les traités étaient conclus aussi rapidement que les batailles étaient gagnées. Dans quel temps la France brilla-t-elle de plus de splendeur ? quand posséda-t-elle plus de pouvoir que quand les souverains reconnurent Napoléon , quand toutes les solennités de la religion le consacrèrent sur le trône ?

Dans l'intérieur, toute trace de discorde et de division paraissait être effacée ; des intérêts si variés et si compliqués paraissaient être conciliés ; tous les partis étaient en paix ; les différentes religions se partageaient les temples et les autels. Qui ne chercha pas alors que Napoléon daignât jeter sur lui un regard favorable ? Ceux qui se prosternèrent devant lui dans la poussière , sont ceux qui le reconnaissent le moins.

Au dehors, Napoléon avait terminé la guerre dès les premières batailles ; tous les souverains desiraient vivre en paix avec lui. En cas d'hostilités, l'amour de la gloire aurait réuni toute la jeunesse de France sous ses drapeaux et ses lauriers ; cette jeunesse qui avait appris à regarder l'héroïsme comme un besoin et une jouissance.

La destinée de Napoléon était trop féconde en merveilles pour ne pas exciter notre étonnement ; le peuple, qui était plus en état de l'admirer que de le juger, devait croire que la cause de ces merveilles était au-dessus de l'humain. Son empire prit l'apparence de la durée, et presque les qualités de ce caractère sacré que le temps imprime aux ouvrages sur lesquels il passe dans sa course rapide. Toute cette puissance, qui paraissait éternelle, a été renversée par l'excès de son ambition. L'espérance et la crainte de la voir renaître le suivirent dans l'île d'Elbe : tout, grand dieu ! s'est anéanti pour jamais dans les plaines de Waterloo !

Une chose passe avant tout, c'est la bonne foi : celui qui dans les jours de sa grandeur était l'arbitre de l'Europe, vit, quand il se fit un jeu de sa parole, combien, dans un degré égal, il encourut la juste indignation des mêmes souverains et mêmes peuples dont il avait gagné la confiance, et à qui il avait donné la sienne. Tous les bras en Europe s'armèrent pour renverser un pouvoir arbitraire qui ne voulait être ni censuré par l'opinion, ni réglé par le jugement, ni sanctionné par son propre intérêt. Napoléon se trouva dans une situation si critique, que, comme tous ceux qui abusent de leur pouvoir, il fut forcé d'être toujours victorieux, pour ne pas être anéanti par la vengeance. Que ce qui s'est passé puisse nous servir de leçon ; qu'après avoir échappé à un abîme, nous ne soyons pas engloutis par un autre ! Tout pouvoir irrégulier se détruit lui-même ; les extrêmes les plus opposés produisent le même phénomène dans le monde politique, et plongent les nations dans un égal malheur. Dès qu'un pouvoir, qui n'est point balancé, est dans les mains d'une ou de plusieurs personnes, la détérioration morale des individus et la faiblesse de l'Etat en seront toujours la conséquence. Il n'y a pas besoin pour cela de despotisme ni de dangers.

Je prévis les orages qui résulteraient du mode d'élection, et de la suite des élections de l'une des Chambres. Je desirai que l'activité des Députés, qui paraissait devenir destructive, pût être tenue en bride par la formation des assemblées communales. L'écroulement de ce premier boulevard de nos libertés a conduit à la destruction de tout le reste. L'homme, avant d'appartenir au gouvernement et à l'Etat, appartient au pays où il est né. Dans le sein de sa famille, le premier sentiment pour son pays est le premier développé en lui, et l'intérêt de sa commune est le premier élément de tous les intérêts politiques. Ceux qui prennent pour convenu que les hommes peuvent être unis par un nombre de formes compliquées, qu'ils peuvent être gouvernés par la publication de quelques principes asbtraits, ne connaissent pas le cœur humain, ni les sources du pouvoir. On peut dire qu'ils n'ont étudié l'anatomie des constitutions libres que dans les systèmes morts. L'obéissance forme la mesure et la limite du pouvoir ; les institutions positives unissent ensemble les hommes. Plus on multiplie les relations usuelles qui existent parmi eux, plus leur confiance et leurs forces prennent d'accroissement, plus le gouvernement a de moyens, plus il est puissant. Dans le rétablissement du gouvernement municipal, le trône peut être amalgamé avec le peuple; les municipalités sont les premières unités dans l'ordre de la représentation nationale, montant à la législature, et les dernières dans l'ordre du pouvoir exécutif qui descend jusqu'à elles, et finit avec elles. Cependant je diminuai le nombre de plusieurs petites communes qui ne pouvaient se toucher et se mettre en équilibre, sans prendre la même route au lieu de s'aider réciproquement.

La nature des choses et des hommes demande que le scorps civils et politiques ne soient pas trop grands ou trop petits dans l'ordre social, de même que dans la nature il ne doit avoir ni géans, ni nains.

Je me suis laissé entraîner par des recherches qui passent les bornes de l'objet de ma lettre, et que je traiterai avec plus de développement dans mon Mémoire.

Le système qui commença à dominer, et qui prenait des forces de jour en jour, me fit penser à m'éloigner des affaires publiques, comme je m'étais retiré sous Napoléon, aussitôt qu'il me parut impossible de faire le bien. Le Roi avait pu remonter sur le trône au milieu de la foudre et ses éclats : je ne croyais pas qu'il pût s'y tenir. La corruption et l'inexpérience ruinent les États ; la vertu et les talens les conservent. Je priai Sa Majesté d'accepter ma démission. Je remis entre ses mains la lettre qui en contenait les motifs. Le Roi me fit l'honneur de me répondre qu'il l'examinerait. J'attendis quelques jours une réponse ; n'en recevant point, je pris la liberté d'écrire une seconde lettre dans laquelle j'expliquai tous mes motifs, toutes mes craintes sur un avenir qui menaçait à la fois son trône, sa dynastie et l'indépendance de mon pays. Sa Majesté accepta ma démission, et fut assez bonne pour me donner, dans une lettre écrite de sa propre main, l'assurance qu'elle n'oublierait pas mes services.

Il ne me restait plus qu'à choisir le lieu de ma retraite. Quand on a le malheur d'avoir un nom célèbre, le plus petit endroit où l'on se retire devient important. J'étais résolu au moins de me mettre à l'abri de la calomnie, par une vie simple et privée.

Le Roi me fit offrir une ambassade ; je donnai la préférence à celle de Saxe. J'avais eu le bonheur d'approcher de son souverain ; la constante probité qui lui concilia l'amour général sur le trône, et l'estime, quand il en fut éloigné, fut le motif de cette préférence. Jusqu'à mon dernier soupir, je conserverai le souvenir des marques de bonté que j'ai reçues de ce prince après mon arrivée à Dresde. C'est surtout dans le malheur que nous

pouvons apprécier la bienveillance à sa juste valeur. Je dois ajouter aussi que dans toutes mes
relations avec le duc de Richelieu, par suite de
ma mission, j'ai éprouvé tout ce qu'un homme
d'honneur et sensible peut faire pour adoucir
l'injustice que tous ses efforts n'avaient pup÷-
venir.

On demande pourquoi, en quittant le ministère,
je ne suis pas entré dans la chambre des députés,
à laquelle plusieurs colléges électoraux, entr'autres ceux de Paris, m'avaient appelé. Pouvais-je
lutter avec avantage contre les expés sans cesse
croissans de la réaction ? Qu'on lise les débats de
la chambre, et l'on verra ce que je pouvais attendre de cette lutte. Un homme plein de noblesse
et de grandeur d'ame, M. d'Argenson, voulut
élever la voix pour faire connaître les causes et
les auteurs des troubles élevés dans le midi de la
France : des cris furieux l'empêchérent de conti-
nuer ; la vérité fut repoussée de la tribune de la
nation. Quel succés pouvait-on espérer dans une
assemblée où le parti de l'exagération avait l'influence, quand ce parti regardait l'anarchie la plus
intolérable comme un instrument nécessaire pour
établir l'ordre ? Que pouvait-on dire à des hommes
qui ne voyaient que violence dans la force et le
pouvoir du Roi, et que trahison dans le langage
de la modération ? Appelé à parler sur les grands
intérêts de la nation, quels moyens a-t-on pour

se faire entendre de ceux qui n'ont à délibérer que sur l'orgueil de quelques individus ? Qu'aurais-je pu ajouter à tout ce que j'ai dit comme président du gouvernement et comme ministre, pour supplier, conjurer ces hommes violens, de sacrifier leur vengeance personnelle au bien général, et et de ne penser qu'au bonheur de tous? J'ai épuisé à leur égard tout ce qui peut être inspiré à l'ami de son pays. Je ne cesserai de leur répéter de mon exil mes dernières paroles lorsque je quittai Paris.

— Comment ose-t-on parler du triomphe d'un parti ? quand ce parti tombera sur tout, ou s'emparera de tout, il n'y a plus d'espérance d'indépendance nationale, plus de véritable honneur que dans notre union.

L'encouragement qu'un esprit de clémence donnait aux réactions, annonçait l'intention d'en faire usage. Ce député qui lut un libelle du haut de la tribune, pouvait facilement nous faire connaître la source de ces encouragemens, s'il eût voulu dire d'où il tenait ce libelle, et qui en était l'auteur.

En vain aurais-je compté sur l'appui de la partie saine de l'assemblée : elle a des talens, des vues justes, de la raison ; elle forme même la majorité ; mais il y a parmi elle beaucoup d'hommes timides que domine la crainte d'attirer sur leur pays de plus grands maux par leur résistance que par leur soumission. Tantôt ils sont effrayés des fantômes de nos révolutions dont le ressort est brisé, tantôt ils se voient menacés des baïonnettes étrangères.

Il est absurde de supposer qu'un parti obtiendrait maintenant quelque secours du dehors. Si un parti gouverne, des engagemens particuliers plus forts que les engagemens généraux de la monarchie en sont la cause. Ce ne sont plus les souverains qui maîtrisent la France, c'est alors une faction qui triomphe de la nation. La guerre civile n'a que changé les places; les ultrà-royalistes sont les vainqueurs, et tout le reste des Français, les vaincus.

Quel avantage pourrait-on tirer d'abandonner le gouvernement à un parti ? La tombe se fermerait bientôt sur son gouvernement; la terreur même ne pourrait le soutenir, car la terreur s'évanouit à la première lueur de sécurité. Un autre parti s'élèverait à son tour, et aurait le dessus : que deviendrait la France, que deviendrait l'Europe, si nous étions déchirés par des changemens de partis et par leurs victoires passagères ?

Où trouverions-nous la nation dans un tel état de choses ? Il n'y aurait plus d'intérêt général; tous les liens de la vie sociale seraient rompus; le cœur de l'Etat serait blessé, il n'y aurait plus que l'ombre d'un pays. Que l'Angleterre se rappelle que l'océan qui l'entoure l'a seul mise à l'abri des orages et des désordres qui furent communs à toutes les nations ; qu'elle se rappelle que l'on fut sur le point de passer cet océan. Notre bonheur lui serait plus avantageux que notre malheur ; mais il sera trop tard de prévenir ce malheur quand nous en serons accablés.

Je considère les souverains qui aujourd'hui sont maîtres de nos destinées , sous l'emblème de cette divinité que la mythologie des anciens représentait avec deux visages , l'un tourné vers le passé , et l'autre vers l'avenir. Ces souverains ne manqueront pas une seconde fois leur but généreux ; nos révolutions ne troubleront plus l'Europe, nous aurons la garantie de notre indépendance , parce que nous nous garantirons à nous-mêmes notre repos.

Loin de moi la pensée qu'il existe un parti qui veuille devenir l'instrument terrible de la destruction de la France. Je ne refuse pas à mes ennemis la justice que je dois à tous les hommes. L'esprit de parti est plus à plaindre qu'à blâmer : ceux qui ont amené la monarchie sur le penchant de l'abîme la sauveront peut-être ; toutefois leur ignorance en matière de gouvernement est une découverte qu'ils ont encore à faire.

Dans les affaires humaines le peuple se laisse souvent entraîner dans les excès les plus déplorables par les noms que lui-même a consacrés : fasse le ciel que le mot légitimité ne fasse pas couler autant de sang que le mot égalité ! Le mal est toujours fait sous un prétexte sacré. Heureusement l'erreur n'est pas immortelle comme la vérité : tout ici bas a une fin.

Je me sens capable de me justifier entièrement du reproche qui m'est fait de n'être point entré dans la chambre des députés. J'aurais paru moi-même au tribunal si ce n'eût été que donner lieu en ma personne à un exemple de plus d'un acte tyrannique et violent : ma mission à Dresde a dû être considérée comme le résultat du mal général que je prévoyais ; car il ne m'était pas permis d'agir pour moi-même, et d'éviter ces attaques. J'écrivis à Votre Grâce le 19 juin. « La république nous a » fait connaître les excès de la liberté ; l'empire, » tous les excès funestes du pouvoir. Puisse la » France trouver l'indépendance, l'ordre et la » paix ! Tels sont les vœux que je forme en ce » moment : puissent les excès de toute espèce être » enfin à leur terme ! »

Les violences de tous les partis sont semblables, quand une fois les passions sont en effervescence ; les sentimens nobles peuvent être exagérés à un degré où ils n'en sont que plus dangereux. Je ne me plains ni ne m'étonne d'être banni de la France par ceux que j'avais aidés à revenir dans cette même France. Je connais la méchanceté du cœur humain, et je suis accoutumé aux caprices de la fortune. Dans la situation où je suis, il est toujours consolant de penser qu'il n'est au pouvoir d'aucun homme de changer la nature des choses.... la fausseté ne peut jamais devenir la vérité.

Mes espérances politiques sont terminées ; toute mon ambition est satisfaite, puisque j'ai obtenu parmi les Français une estime qui accompagnera partout mon nom et ma personne. La justice et la voix des siècles décideront si, dans les événemens qui ont amené tant de calamités sur mon pays, il y a eu ou non des torts de tous les côtés, et quel parti fut le plus coupable.

Je renouvelle à Votre Altesse les assurances de ma haute considération.

Duc d'Otrante.

OBSERVATIONS

LA LETTRE DE FOUCHÉ,

AU DUC

DE WELLINGTON;

PAR M. DE VILLENEUVE.

————

*U*n *législateur de l'antiquité....* (page 5). Quand
on voit un Fouché invoquer les vertus antiques et
le nom de Solon, on peut croire tout perdu en morale, et tout prêt à l'être en politique.

Les conseils de la modération.... (pag. *idem*). Tac-
tique et langage des oppresseurs : puissans, ils écra-
sent ; faibles et abattus, ils pleurent et prient.

Le royaume des Bourbons.... (page 6). Cette
ironie sanglante est une vérité : n'est-ce pas en effet
le royaume des Bourbons, que celui qui doit son
territoire à leurs conquêtes, à leurs alliances ou à
leurs traités ; ses institutions à leur bonté, ses lois
à leur sagesse, et la gloire dont il jouit depuis Saint-
Louis jusqu'à Louis XVIII, à leurs principes, à
leur modération, à leur amour pour toutes les vertus?

Mes Mémoires.... (pag. *idem*). S'ils sont le registre

de sa vie, que d'intrigues curieuses ! S'ils sont le miroir de son ame, que d'horreurs inouies ! Mais fussent-ils altérés par le mensonge et gonflés d'orgueil, quelles leçons aux peuples et aux rois !

Onze cent mille baïonnettes étrangères.... (page 7). L'aveu est précieux. Par cette immense supériorité numérique, on peut juger de l'unanimité du concours des puissances. Mieux éclairées, elles auraient pu davantage; mais dans leur situation actuelle et respective, elles ne rompront pas le lien qui assure le repos de l'Europe et garantit la légitimité.

L'opinion était partagée relativement au choix du monarque qui devait succéder à Napoléon.... (page 8). L'opinion des partis, à la bonne heure : chacun voulait son mannequin, à l'ombre duquel il put user et surtout abuser du pouvoir; l'opinion de la France éclairée, toujours identique et toujours droite, n'a jamais dévié de la ligne politique, tracée depuis des siècles et fortifiée par la révolution même, destinée à la détruire. Qu'a toujours voulu et que veut encore la France? Non une vaine liberté, ni une égalité impossible, ni une gloire meurtrière; mais l'abondance, le calme et la perpétuité d'une paix qui assure l'une et l'autre.

Tous ceux qui depuis vingt-huit ans.... (page *id.*). C'est-à-dire les parvenus de tous les degrés, depuis le fournisseur qui portait des sabots en 93 et des cordons en 1812, jusqu'à l'intrus qui, après avoir rougi le trône du sang de son maître, s'est assis à sa place. Municipaux, apostats, renégats, acquéreurs de biens d'émigrés, spoliateurs des tombeaux, brise-

scellés, comités révolutionnaires, corps francs, auditeurs, préfets, ministres, fournisseurs et généraux, en un mot, révolutionnaires de toutes les
époques, et jacobins de tous les couvens, voilà ceux
que l'approche des Bourbons faisaient pâlir. Quant
à la nation, dont ils sont l'écume et la lie, elle frémissait de plaisir, et trouvait, dans les rêves d'un meilleur avenir, le terme d'un mal aise si long-temps
prolongé.

Une partie de la France nommait le duc d'Orléans.... (page 9).

Le voilà donc connu, ce secret plein d'horreur !

La révolution, entreprise sous prétexte de rendre au
peuple ses droits et sa liberté (comme si la liberté
n'était pas et ne devait pas être dans le seul
gouvernement ! Comme si l'obéissance avait et pouvait reclamer des droits !) ne le fut en effet que
pour substituer une dynastie à une autre ; et celle-ci
était la branche cadette des Bourbons, depuis trop
long-temps ennemie de la branche aînée. Qu'on se
rappelle, même vaguement, les tentatives qui signalèrent la trop fameuse régence ; tentatives qui n'étaient que des théories en 1715, et qui trouvèrent
en 1795, leur détestable application. Qu'on suive
la marche, tantôt oblique, tantôt découverte de cette
faction pour qui rien n'est sacré ; et depuis le grand
criminel qui fit horreur même à ses complices, en
prononçant la mort dont il dévorait l'héritage, jusqu'au nouveau duc d'Orléans, dont l'impudent libelliste flétrit le nom, en le proclamant, qu'on juge
de l'opiniâtre constance de cette faction, que tant

de crimes n'ont pas rassasiée, que tant de malheurs n'ont pu décourager. Au reste, l'on est loin d'élever sur les principes et sur la conduite du duc d'Orléans, le plus léger soupçon, que lui-même, en se condamnant à une sorte d'exil prudent, déconcerte, en paraissant supposer qu'il peut exister.

La légitimité n'est qu'une convention politique.... (page 9). Toujours des abstractions, quand il s'agit de faits. On ne dit rien de nouveau en avançant que Dieu en personne n'a point choisi et consacré le premier roi, quoique l'huile versée par Samuel indique au moins que telle était la croyance du peuple auquel nous devons notre religion. Mais si la tranquillité, l'honneur, la prospérité des nations tiennent à la stabilité des dynasties, comment mettre en problême leur légitimité ? Droit divin, possession antique et jamais contestée, ne sont-ce pas là des caractères de permanence et des gages de repos? Admettre que les dynasties sont le résultat d'un choix et l'effet d'une convention, c'est compromettre celui de toute la société. La légitimité est utile : donc elle est juste; les dynasties sont nécessaires: donc elles sont légitimes. Voilà ce qu'ont prouvé si éloquemment MM. de Bonald, Fiévée, Ducrest, Châteaubriand, contre les rêveries métaphysiques des Benjamin-Constant, des Saint-Marcel, des Regnault-Warin et autres publicistes de cette force.

Tout serait devenu facile, si Napoléon eût abdiqué au Champ de Mai.... (page 11). Erreurs criminelles. Un usurpateur ne saurait abdiquer une autorité qui n'est pas la sienne, une nation ne saurait choisir un souverain, tant qu'il reste un rejetton du dernier,

Je raisonne même dans le sens des Fouché qui admettent la souveraineté du peuple.

Je soutins que le trône ne pouvait être rétabli que par la clémence et l'oubli du passé.... (page 12). Ici l'on voit percer l'intérêt individuel, l'on entend crier la peur qui, comme le remords, révèle le crime et prévoit le châtiment. La clémence est une vertu royale, quand de la Majesté suprême, personnellement offensée, elle descend sur le révolté qui se repent ; c'est une duperie quand on l'étend à une conjuration immense, dont il faut frapper la tête, si l'on veut faire fléchir les membres. Cette doctrine est celle des meilleurs publicistes, et l'histoire la confirme par des corollaires concluans. Il est de même de l'oubli du passé : l'homme d'État pardonne quelquefois, autant par bonté que par politique ; il n'y a qu'un imprudent qui puisse oublier ; car pour ce dernier, il n'y a plus de passé, il n'y a point d'avenir, et l'expérience du jour est perdue pour le lendemain.

Les idées de modération.... Mon discours semblait avoir fait impression sur le Roi.... (page 12). La modération conduit au crime le cœur du révolté qui n'offre pas dans une générosité qu'il ne saurait avoir, le contre-poids de ses desseins. Quant à l'influence de ces idées sur l'ame du Roi, que prouve-t-elle ? L'habitude d'une excellente morale et une inexpérience politique, que les révolutionnaires ont exploités et exploitent encore à leur profit.

Ma rentrée dans les affaires était une résignation, un sacrifice... (page 14). Cette résignation ressemble à celle de Napoléon, qui voulut bien accepter du sénat la couronne qu'il possédait sous un autre titre. Ce sacrifice est pareil à celui de ce modeste conquérant qui ajoutait à ses titres d'*empereur des Français*, ceux de *roi d'Italie*, *protecteur de la confédération du Rhin*, *médiateur des Suisses*, etc. Que la modération de ces lions affamés de sang et d'or, est édifiante ! Que leur retenue est louable ! Et qu'auprès de ces hommes réservés, la noble conduite du prince qui se contente du royaume de ses pères, semble mesquine et timide !.... La vérité est, que le manteau de ministre servit de parapluie à Fouché, et qu'avec sa canne de chef des mouches, il écarta pour un temps ceux qui n'avaient pas oublié sa mission à Nevers, et ses débauches révolutionnaires à Lyon.

Quand on a été témoin de la rentrée triomphante de Napoléon à Paris.... (page 16) On ne la nie point; mais par qui fut elle décernée ! Par ceux qui avaient préparé son retour. Quels en furent d'ailleurs les instrumens ? La plus vile canaille ; comparez, pour connaître cette affreuse et mémorable journée, comparez aux tableaux qu'en ont fait MM. de Jouy (1) et Regnault de Warin (2), ceux qu'en ont tracé MM. de la Martellière, de C... auteur des Considérations sur une année de l'histoire de France, et surtout M. de Châteaubriand.

Les Bourbons ne trouvaient pas même un asile en France.... (page *idem*) Qui le leur avait enlevé? Vous, votre or, vos brigues, votre longue et vaste conspiration. Vous ressemblez à ce chirurgien qui tirait sur les passans, et courrait ensuite leur offrir ses secours.

---

(1) Voyez le *Franc Parleur* 2ᵉ volume.

(2) *Cinq mois de l'Histoire de France.* Ce dernier ouvrage se trouve chez Plancher.

Je prie ceux qui me reprochent d'avoir signé l'or-
donnance du 24 juillet, de se placer à cette époque....
(page 18.) Que ceux qui blâment cette mesure s'avan-
cent pour attaquer l'ex-ministre. Pour nous qui la louons
dans son objet, et ne pouvons la blâmer que dans sa ré-
serve, nous nous contenterons de dire que si elle eut
été étendue à tous les agitateurs qui ont désolé la patrie depuis vingt-huit ans, et que le nom de Fouché
eut pu s'y lire le premier, il nous eut resté moins à
desirer ; et nous dirons moins, et non pas rien ; car,
qu'est-ce, après tout, que des demi-mesures qui en-
couragent le crime au lieu de l'effrayer, et qui solli-
tent bientôt des déterminations plus sévères et plus
décisives ?

L'idée d'une conspiration fut répandue par ceux qui
desiraient les proscriptions.... (page 19.) Elle a existé,
et ses derniers rameaux, implantés peut-être jusque
sous les marches du trône, essayent encore de l'ébran-
ler. Elle a existé de l'île d'Elbe, où les D...., les C....,
les B.... en avaient établi le foyer jusqu'à Paris, à
Saint-Leu, au Val, à Versailles, où C......, ma-
dame H......, R...... de S. d'A...... et tant d'autres, en
recevaient et en rendaient les communications. L'auteur des *Cinq mois de l'Histoire de France* a vaine-
ment cherché à établir, et par des raisonnemens spé-
cieux, il a essayé de démontrer que l'événement du
20 mars, médité, mais non conspiré, n'était que le
résultat nécessaire de la position de la France. Si cette
proposition est jamais admise par l'histoire, et recon-
nue pour la postérité, les ordonnances royales sont
coupables, et les juges qui ont condamné Bertrand

sont des assassins. Qu'on choisisse, et que Fouché lui-même ose prononcer.

Que mes rapports au Roi soient relus.... (page 19).

Je les avoue! La remarque est précieuse à faire; car si les Mémoires dont il nous menace sont inspirés par le même esprit et écrit du même style, on peut compter sur un chef-d'œuvre d'impostures et d'orgueil.

Parmi ses obstacles, j'ai compté ceux qui naissaient de notre état de guerre.... (page 24). A travers les ménagemens que le cauteleux ministre, employe avec son illustre correspondant, percent un mécontentement visible, une aigreur mal déguisée contre les puissances, leur confédération sainte, leurs victorieuses armées. La raison en est simple : elles ont détrôné deux fois Napoléon, et deux fois, elles ont rétabli le Roi.

J'étais chargé de veiller au soutien du trône et à la sûreté de l'État.... (page 26). Copions ici le portrait de la police, tel qu'un écrivain qui vise à l'impartialité l'a tracé, et laissons au lecteur à tirer les conséquences, à faire l'application.

« Je représenterai la police sous la figure de Mer-
» cure, précédant la Justice, et armé d'un caducée
» doué de la faculté de voir, de pressentir même, de
» deviner quelquefois et de frapper rarement. Les tri-
» bunaux languissent; ils pourraient presque s'endor-
» mir, tant que la police veille; et c'est surtout dans ces
» crises terribles qui décident du sort des Etats, que
» l'influence de cette administration peut les perdre
» ou les sauver. *La couronne du monarque peut être*
» *alors dans le carnet d'un espion.* »